EL PLACER

Jorge Dot

Colección ites

EL PLACER

© Jorge Dot Saldaña
© Corrección: Cristina Ocete
© Prólogo: Agustín Porras
© de esta edición: Olé Libros, 2025

ISBN: 979-13-87620-36-3
Depósito legal: V-1073-2025
Impreso en España

KALOSINI, S. L.
Grupo editorial **olélibros**
equipo@olelibros.com
www.olelibros.com

A la emoción y al deseo

Es mi boca un cáliz en la boca del ciervo
YEHUDA HA-LEVI

PRÓLOGO

Se equivocaba, afortunadamente, nuestro amigo Amador Palacios en el prólogo a *Los prodigios del amor*, la obra poética que Jorge dio a conocer tras *Los trabajos de la muerte*, al suponer que su autor quizá no añadiría más títulos a tan perfecto díptico, habiendo dejado ya tan claramente expuestas en dichos volúmenes las dos caras de esa misma y misteriosa realidad ante la que, inevitablemente, hemos de posicionarnos todos durante nuestro fugaz paso por el mundo. Sabemos que ha de llegar el día y la hora en que dejaremos de existir. Por más que hayamos creído experimentar en algunas ocasiones muy diversas maneras de estar (de sentirnos, al menos) muertos en vida, solo en ese instante concreto tendrá lugar el definitivo adiós. Hasta entonces, habrá sido el amor, en permanente proceso de aprendizaje, el principal responsable de la compleja relación intelectual y emocional que a lo largo del tiempo hayamos podido establecer con cuanto nos rodea. Y Jorge Dot nos ofrece en esta nueva entrega el fruto de su investigación en torno a uno de los pilares que, junto al deseo, sostienen tan apasionada y apasionante estructura.

En el centenar de poemas que integran *El placer* vamos a encontrarnos con un amplio repertorio de testimonios que dan fe de las múltiples razones que por sí solas se bastan para provocar, aunque sea de manera provisional, esta sorprendente, siempre bienvenida, original, íntima e inmensa satisfacción.

Por una parte, como las palabras suelen tropezar y quedar atrapadas en la tupida red de los afectos, parece lógica la desconfianza ante cualquier análisis de los mismos que contamine lo que no debiera ser sino sacudida directa, festín de los sentidos, puro goce carnal.

«La realidad del placer / No son los circunloquios del amor / Sino besarte / Y hundirme en ti / Y acariciarte».

Pero, por otro lado, *Cuando te adentras en la desventura* del desencuentro, cuando resulta evidente «La ingrata amargura de la separación / Y la falsa esperanza del amor / Que no regresará», ¿cómo no comenzar a trabajar en el diseño de estrategias que hagan posible levantar una otra «realidad» que, aunque de muy diferente naturaleza, pueda también desembocar en un placentero resultado?

Jorge Dot, después de analizar a fondo la materia aquí tratada, ha redactado para nosotros algunas de las medidas alternativas con las que cree posible ponerle fin a tal desasosiego:

«Suspende el deseo / Y verás brotar ante ti / La gloria del placer».

«Imagina la belleza / Y obtén de tu pensamiento /El placer de la contemplación».

Quizá pueda parecernos un frágil consuelo el que ofrece este placer que no es consecuencia directa de haber satisfecho un primitivo deseo, pero ¿no supone, realmente, la elaboración de todo deseo un derroche de imaginación? ¿No lo exige también el objeto sobre el que depositamos nuestro caprichoso entusiasmo, mientras este se mantiene en el tiempo? ¿No es la belleza causa y a la vez efecto de todo deseo?

Comparto plenamente con el autor de *El placer* la convicción de que la realidad acabará por parecerse a como uno la imagina, si bien no ha de ser tarea fácil para nadie alcanzar con éxito un objetivo tan ambicioso.

«Luce en el dolor / El arpa del placer».

«El dolor de sentirse solo / Solo se compensa / Con el placer de saberse solo /Único».

Sabernos únicos es sin duda un requisito fundamental, pero no suficiente argumento con el que alcanzar una vida plenamente satisfactoria. Conviene no olvidar que se trata de una característica universal, tanto de quien observa como de todo lo observado. No es sino una particularidad que compartimos hasta con la más pequeña brizna de hierba dentro del misterioso mecanismo que mueve el mundo y para cuyo óptimo engranaje todos y cada uno resultamos piezas fundamentales e insustituibles.

Aire, agua, nubes, estrellas, luna, alba, ocaso, álamo, olivo, parra, flores, mies, zarapito, herrerillo, gaviotas... son algunos de los compañeros de viaje que desde la pequeña población de El Olivar vienen a visitar estas páginas, pero bien podrían ser otros, pues no hay nada en la Naturaleza, a juicio del autor, que resulte insignificante o innecesario para gozar y llenar plenamente de sentido nuestra existencia. La verdadera sabiduría no consiste en pretender (inútilmente) descubrir el misterio que envuelve y es la vida, sino confiar y participar en él sin miedo alguno: «Las raíces que no vemos / Sostienen el mundo». Todo parece estar incomprensible pero felizmente en conexión, como señalaba Baudelaire en el soneto Correspondencias, del que tomo (en versión de Ana María Moix) su primer cuarteto:

«La Naturaleza es un templo donde vivos pilares
dejan brotar, a veces, palabras confusas;
el hombre las cruza entre bosques de símbolos
que le observan con ojos familiares.»

Una familiaridad de la que Dot es sin duda beneficiario, y a la que tan generosamente parece empeñado en sumarnos

11

a través de las potentes imágenes que, como en este ejemplar haiku, nos ofrece: «Sobre el olivo / Sola la luna canta / Placer del alba».

Le agradezco a mi querido amigo la invitación a acompañarle en la presentación de sus nuevos poemas, plenamente inspirados todos ellos y acordes con la poética unamuniana, que siempre exige la máxima profundidad y reciprocidad entre pensamiento y sentimiento.

A la espera de futuras entregas (pues soy conocedor de la inmensa obra que a día de hoy mantiene inédita el autor), preparémonos ya para disfrutar de ésta que hoy pone el azar en nuestras manos, con la total garantía de una más que provechosa y placentera lectura.

AGUSTÍN PORRAS

EL PLACER

I

El último placer es fruto
De la primera sonrisa

II

En la cuarta pared de la palabra
Está la poesía entretenida
Así como en tus besos se recogen
Las luces del amor y del deseo

Y llega la delicia hasta tus manos
Y surte de tu voz el suave amante
Y se hunde en tu dulzura mi capricho
Para que al fin nos llegue la alegría

Camina pues hacia el amor brillante
Hasta el grato placer de ahora tenerme
Consumido en tu flor y en tu cintura

Mientras en la frontera de la vida
Otras voces sensibles se esclarecen
Y otros dioses de amor se nos ocultan

III

Graves
Vamos al amor a destruirnos
A sentir el sabor obsceno de la muerte
A odiar lo extraño
A desear otra alma diletante
A devastar con el dolor los sueños
Y a lucir el olor de lo maldito
Por el puro placer de poseernos

O livianos
Esperamos cada noche
Que regrese el calor a nuestra carne
Que lo lejano se acerque a deleitarnos
Que nos colme serena la experiencia
Que las nubes sonrían como labios
Y que quede la casa perfumada
Y complacida eternamente por los besos

IV

¿Cuál es el patrimonio del placer?
Cisnes
Barnaclas
Gaviotas sombrías
Gaviotas reidoras
Gansos del Nilo
Las aves de tu sonrisa
Todo lo que ves
Y el mundo que iluminas

V

El dulcísimo placer
De morir en brazos del amor
Que un día probaré
En tus besos lo presiento

VI

Las mejores metáforas
Están siempre en la naturaleza
Y en lo cotidiano
Y nos ayudan a comparar
Nuestra vida con la felicidad
Y su enseñanza es siempre
La felicidad que no vemos
Unos ojos cerrados
Un placer escondido
O el lento descender de un ave
Hasta posarse

VII

El placer no es un instante
Es eterno como la soledad
Y fulgurante como tu presencia

VIII

Bailas alegre
Sobre mí

IX

Hay una forma de pensamiento
Que es sensorial
Y conduce al éxtasis
Pruébala

X

Luce en el dolor
El arpa del placer
Suaves son sus brillos

XI

La poesía llega
A donde tú ya estabas
Para mostrarte todo

XII

Lo que te rodea es el valor
De lo que tienes dentro de ti
De tu mirada íntima
De tu aliento cubriendo el horizonte
Con la belleza cálida del amor
Y de su gozo
Por eso la emoción se desvela
Cuando sonríes

XIII

La belleza profunda
No canónica
Fronteriza con el espíritu
Carnal y serena
Está en ti
Y es indistinguible del placer

XIV

Dame la calma tuya y ten de mí
Del alba majestuosa del placer
Los sencillos besos que ayer te di
Los que llegarán al amanecer

XV

Es más importante la belleza
Que cualquier cosa que pueda medirse
Y el placer inefable que procura
Es inconmensurable

XVI

En tus ojos
Por pequeños que sean
Cabe toda la belleza
Si miras con ternura
Tal como lo haces cuando sonríes
Llena de gozo
Las tardes del amor

XVII

Abrir el día con tu mirada
Es ofrecer la belleza
Al elevado horizonte
De la felicidad

XVIII

Sé cómo suben las nubes hasta tu cumbre
Rozando el aire denso de tus laderas
Y cómo entre los pinos derraman gotas
Que bajarán hasta el pie de tu belleza
Sé cómo besa el amor cuando me besas

XIX

Vuelve a darme el placer de haber tenido
Entre mis dedos toda tu belleza
Vuelve a dejarme estar en ti dormido
Lléname así de tu delicadeza

XX

Hay una palabra que contiene
El infinito placer de tu nombre

XXI

Exhausto el cormorán
Arriba al acantilado
A refugiarse
La noche de tormenta
Tal como se cobija el placer
En los abismos de tu amor

XXII

El deseo es al placer
Lo que mis ojos a verte

XXIII

Hay en la ilusión
Un gozo íntimo
Que debemos compartir

XXIV

Cada beso es universal
Y su placer a todos nos alcanza

XXV

El placer del amor
Es el placer del otro
Mientras tú sonríes

XXVI

Zarapito trinador
Canta para que yo vuelva
A volar lejos contigo
Canta desnudo de amor
Trina de nuevo conmigo
Y que tu canto me envuelva

XXVII

Imagina que todo su pasado
Tan bello y tan oculto
Hubiese sido también tuyo
Con su sencillo dolor
Con su iluminada alegría
Con su esperanza hoy cumplida
Disfruta así doblemente
De la felicidad presente
Que te procura su beso

XXVIII

Hay cosas tan dulces
Que cuando las tocas
Los dedos se hunden
En la carne del deseo

XXIX

El dolor de sentirse solo
Sólo se compensa
Con el placer de saberse solo
Único

XXX

He sentido de nuevo
Que te cubrías conmigo
Y he besado tu frescor
Más allá de la noche

XXXI

El placer
Como precursor del dolor
Es muy eficaz

XXXII

Hay una palabra
Que circunda tu tacto
Y te lleva al lugar elegido
Como estancia de placer
Que puedes fácilmente pronunciar
Si cierras los ojos
Con las lágrimas de su nombre

XXXIII

El llanto de emoción
Te empuja desde dentro de ti
A la felicidad del mundo

¡Salta!

XXXIV

¡Claro que has visto a la alegría
Brotar de las heridas del desconsuelo!
Por eso sonreíste al despertar
Y sentiste cómo esa complacencia
Te ovillaba en la esperanza
Por eso amas

XXXV

La única salvación
Es la de la belleza
Y su placer
Es un cielo claro azul de invierno
Que te destaca y te muestra
Sobre el mar elevada
Como una pardela cenicienta
Que vuela a tierra para el amor

XXXVI

En la conversación del placer
Sabe tu voz cuándo susurro
Y tu aliento cuándo respiro

XXXVII

El placer está en la propia palabra
No solo en pensarlo
O soñarlo
Sino también en nombrarlo
Tal y como tú lo nombras
Mientras en el aire besas
Su ausencia

XXXVIII

Siempre es novedad
El placer de observarte

Cambias como la luz
Como el petirrojo cantas
Lloras durante el invierno
En el aire descansas

XXXIX

El amor es el bien superior
Y el placer es su cauce

XL

Sobre el olivo
Sola la luna canta
Placer del alba

XLI

El placer que madura la mies
Se alimenta de tu belleza
Como si fueses tú el mediodía
Y yo la parva de tus sueños

XLII

Indaga en el placer de la derrota
De sentirte acabado y recogido
Ausente ya del mundo entretenido
En manantial de canto que no brota

Pues cuando al placer el dolor azota
Con descuidada ausencia o con olvido
Cuando el placer se siente confundido
En brazos del amor y en calma rota

Puede entonces surgir un nuevo brillo
Que augure del placer renacimiento
Que traiga hasta el dolor el más sencillo

Gozo que quiera amar tu pensamiento
Y que cierre enamorado el anillo
De paz y sueño y carne y sentimiento

XLIII

Tiene la sencillez
Flores de invierno
Y la alegría luce
Tu mismos labios

XLIV

¡Lleva en el agua
La noria de tus besos
Tanta fragancia!

XLV

Las aves cantan contigo
Mientras en el aire dejan
La sustancia de música
Que con alegría espesa
El firmamento

XLVI

Quizá la emoción que yo imagino
Es la que tú sueñas
Quizá el placer se esconde en los deseos

XLVII

Te has acariciado
Alzando los ojos al cielo
Presintiendo el intenso calor
Que ahora va a atravesarte
Como un rayo de Dios
Placentero e íntimo

XLVIII

Sabed que el amor no tiene
Todo el placer imaginado
Pero cantad ahora conmigo
A su luminosa belleza
Pues eso es la alegría

XLIX

Canta contigo
Repleto de colores
El herrerillo

L

De la belleza
Muestran albas las nubes
Todos los rostros

LI

Miro tus ojos
Que observan luminosos
Aves cantando

LII

El placer y la belleza
La evocación de la dicha
El misterio del alma de las cosas
El dolor de haberlas perdido
La escucha atenta de mis ojos
Y la calma de leerte desnuda
Dejan en la casa la virtud del sol
Un calor tenue que se acomoda
En lo más hondo de tu cuerpo
Para la celebración

LIII

Alba y ocaso
Fenología de aves
Canto del amor

LIV

Amarilla y placentera
La morgallana se adormece
Como cerrajón alado
En el tupido bosque de tus sentidos

LV

El placer de volver
Al mismo beso
En los mismos labios

LVI

El placer nos pide que atendamos su canto
Y lo hace sonriendo con la frescura del mar
¿Te has adentrado en sus aguas claras
Mientras la brisa te adormecía tranquila?
¿Has sentido cómo todo se tornaba bello
Desde la lejanía y desde la quietud?
Las rocas sobre la negra arena finísima
Y las gaviotas que hoy vuelan alto
Acompañan generosas a la espuma del cielo
Y me brindan alegres un coro de satisfacción
Celebrando que tú estás esperándome

LVII

Todo lo que he visto en tus ojos
Lo desconocía

LVIII

La espera sabe a delicia en tus labios
Mientras el deseo tiembla como álamo
Sobre los humedales del amor
Donde se entregan al placer las aves

LIX

La noche sin luna colma de pajarillos
El firmamento que corona nuestro ocaso
Sobre el elevado campo de la soledad
Y en esa extrañísima y clara oscuridad
Nos muestra orgullosa la estela del placer
Que nos llevó al culmen de los besos
Y nos ayuda a reconocer con dolor
La ingrata amargura de la separación
Y la falsa esperanza del amor
Que no regresará

LX

El placer
Vibra con tu deseo
Esperando alcanzarte

LXI

Se oculta en el corazón
Un cardumen de besos
Alborotados bajo las gaviotas
Esperando tu triunfo

LXII

¿Qué es el sueño
Sino la pura certeza de tenerte
Cantando sobre mí
Voraz y perfumada?

LXIII

El río tiene en la garceta
Un origen nuevo
Y aunque la primera gota
Que crece tumultuosa
Hasta formar el último caudal
Que acabará en tu cuerpo diluido
Nace de la más alta fuente
Esta garceta solitaria y calmada
Sobre un tronco retenido
En mitad del cauce del dolor
Es el origen nuevo de la abundancia
De nieves y de lluvias
Que volverán a caer sobre tus ojos
Pequeños y encendidos
Cuando mires al cielo
Presintiendo el amor

LXIV

La realidad del placer
No son los circunloquios del amor
Sino besarte
Y hundirme en ti
Y acariciarte

LXV

¡La luz, oh, la luz!
Y la amistad serena
Y el amor íntimo
¿Dónde sueñan?
En el rincón salado de las lágrimas
Donde duerme la calma
Y en el sagrado lago del placer
Donde habita la ternura
Dictando palabras claras y dulces
Que sin dolor sanan

LXVI

Sentí la fortaleza como si fuese una rosa
De las que abren su perfume más allá de la flor
Y lo esparcen en pequeñas gotas de viento
Iluminando la noche y sus estancias
Sentí la fortaleza dulce de los besos altos
Besos que requieren escala y sabiduría
Besos que se alcanzan cerrando los ojos
Besos que se consiguen con la emoción
Sentí la fortaleza como si fueses tú una rosa
Mía en el cultivado jardín de las palabras

LXVII

He sentido en tu piel
La flor de la ternura
La luna tras de ti
Y la calma
La calma

LXVIII

Ahora que vuelve la soledad
A resaltar en ti la auténtica belleza
La que solo tú contemplas y aprovechas
Otórgate el placer que nadie puede darte
Y que tú tan bien conoces

LXIX

Suspende el deseo
Y verás brotar ante ti
La gloria del placer

LXX

Las cosas que de ti recuerdo
Como si alguna vez las hubiese tenido
Son tu mirada desvaída cuando paseabas
Frente al sueño que tuve recorriendo tu calle
Y tu sonrisa firme al llegar ante mí
Los días claros y fríos de todos los inviernos
Enamorada y abierta como una flor libada
Y aunque nunca ha sido lo que presentía
Y aunque nunca será lo que nunca fue
Cuando miro sincero a mi propio interior
Puedo acariciar todo aquello que eres
Acariciar tu piel iluminada por el atardecer
Tus lágrimas alegres observando las aves
Y el húmedo temblor de tus labios precisos

LXXI

Nada de lo que has olvidado
Volverá a repetirse en ti
Y lo que recuerdas está oculto
En la absoluta lejanía de lo que no es
Así de extraña es la apariencia del ser
Y así de singular la esencia de la palabra
Pues podemos decir y nombrar
Cualquier deseo y cualquier gloria
De forma contradictoria o irreal
Sin que nada colorido nos ocurra
Aunque es más dulce y eficaz
Mantenerse callado como en los sueños
Y que tú sigas pensando y sintiendo
Que mi amor no ha existido en tu alma
Ya que no son posibles las flores eternas
En ningún corazón que procura el amor
Salvo las que sin cesar blancas florecen
Cuando cerramos satisfechos los ojos
Como ahora al final del poema

LXXII

Así es el efecto luminoso del placer
Tu sonrisa entre mis labios

LXXIII

He imaginado en tu piel
El placer que no he tenido
El último placer
Eterno y mío

LXXIV

Es placentero observar la Naturaleza
Espléndida e incontable
Y extraordinario es sentirse en ella
Y de ella

LXXV

Descollan por sobre tu virtud de alba
Los placeres de la oscuridad

LXXVI

A tu altura recurre
Cuando clara te adentras
El piélago profundo
Porque aspira a los cerros
Para dejar en ellos
La cópula del mundo

LXXVII

Cuando el hombre se esconde tras helechos de dolor
Que han crecido en la penumbra al fragor de los sueños
Cubriendo de verdor la negra turba del suelo
Cuando el hombre renuncia al paisaje de alegría
Y se ahuyenta del gozo y del vigor de su alma
Cuando sus manos surten elevadas palabras
Tras la lluvia serena que siembra el último amor
Cuando al fin el hombre descansa sobre sí mismo
Y se calma y se entrega al tenue olvido y al aire
En su corazón se inicia el amor a su ausencia
Sin abandono de nadie y sin mancha de todos
Como único bien que eterno ha de perdurarle

LXXVIII

La lucha y la palabra
Traen a la luz del aire
La belleza inmarcesible
De todos los horizontes
De la esperanza:
Tu cuerpo y los bosques
Las aves y tu alma
El mar y tu placer
Sumergido en mis ojos
Nuestro último abrazo
Como la pura belleza de la justicia

LXXIX

Tuya es la sombra del sol
Que con la luna acude
A la paz de la noche
Y se tiende y se esconde
Entre nubes y cerros
En el silencio que iluminas
Cuando como las aves
Sobrevuelas el bosque oscuro
De los deleites

LXXX

Imagina la belleza
Y obtén de tu pensamiento
El placer de la contemplación

LXXXI

El cuidado te ha contado
Que aunque yo esté en el olvido
Eres tú la cuidadora
Del amor que te he tenido

En el olvido me quedo
Me quedo fiero y dormido
Con el placer de sentirte
Aunque yo me sienta herido

LXXXII

Los campos llegan claros y serenos
A la primavera abierta del cielo
Para renovar tu dicha

LXXXIII

Contiene una alta hondura
La luz que nunca llega
Y en ella está dormida
La más profunda espera
Que es donde sentimos
El tiempo y su belleza

LXXXIV

Las raíces que no vemos
Sostienen el mundo

LXXXV

Suele haber una piedra coronando
Suaves paisajes de los sentimientos
Consumando así el placer duramente

Puesto en pie sobre esa piedra distingo
Pequeños detalles en la distancia
Que obran la vida interminable

La brisa ligera que cruza el valle
Hace brillar muy suave la belleza
De campos y de bosques sobre el río

Volverá encendida a brotar pronto
Primavera sobre la dura piedra
Culminando la vida delicada

Será tuya la piedra que concluye
Y será cada sonrisa flor bella
Y será calma y luz y nueva entrega

Tendrá mi corazón la voz del eco
Que retorna opacado a dictarme
La sombra que vendrá y la que queda

LXXXVI

Salta sobre la poesía
Redúcela a pocas palabras
Sé dichosa en ella
Disfruta de su música
Disfruta de su silencio

LXXXVII

El placer como arquitectura
Sostiene y contiene
La buena conducta
Que nos ayuda a descubrir
La naturaleza por completo

LXXXVIII

He intentado descifrar tu secreto
Natura
Y me he quedado en tus brazos
Dormido

LXXXIX

Miro el valle con la amplitud del vuelo
Para entender mejor estos cantos
Que llenan de calma mis sentidos
Son multitud porque es multitud la vida
El coro del amor que cubre todo
El agua que anega la vega sobre el cauce
Los mansos olivos que esperan el invierno
La primavera dulce de las flores
Los pájaros sencillos que me llaman
Y la ligera bruma del primer calor del año
Miro al cielo desde la piedra alta
Esperando alegre el beso y el descanso

XC

Cuando te adentras
En la desventura
Debes recogerte
Para sentir la paz

XCI

Pueden florecer
Virtud y placer
En el mismo árbol
Si tú lo cuidas

XCII

Has sentido en tu piel
La flor de su ternura

XCIII

Muchas veces acude la alegría
Al refugio firme de la sonrisa
Para serenarnos y consolarnos
Por eso aun en momentos infértiles
De desasosiego o destemplanza
Cuando queremos taciturnos entender
Nuestro discreto dolor selecto y único
Y no conseguimos nada que no sea
Turbación y duda y desconfianza
Si somos entonces capaces de sentir
Un pequeño gesto de amabilidad
Y si nos otorgamos el ligero placer
De recordar o imaginar la sincera paz
De los besos dormidos en la noche
Si simplemente cerramos los ojos
Y miramos desde allí al horizonte
Para imaginar un abrazo profundo
Tornamos entonces a la felicidad
Sintiéndonos como rosas abiertas
Ante la belleza y la fragancia
De la vida amable que en verdad
Disfrutamos en nuestro corazón
Sin necesidad de nada más que sueño
El sueño de los labios del amor

XCIV

No es el placer
Ese instante que esperas
Sino el tiempo presente
En el que el amor
Te circunda y te eleva

XCV

Vas a soñar en la noche
Como la noche te sueña
Vas a sentir cómo brota
Desde el dolor la belleza

XCVI

La luz acude conmigo
A la más alta terraza
A las nubes del abrigo
Que con tus ojos me abraza

A la terraza del sueño
Donde se posan las nubes
Donde nunca tendrás dueño
A donde conmigo subes

XCVII

El horizonte tiene
La luz de las estrellas
Sobre tus nubes blancas
Bajo la noche negra

XCVIII

Este es el silencio
Del misterio
Esta es su poesía
Y en el alma
Canta con tu luz
El aire

XCIX

No hay mayor amplitud
Que la de tus ojos
Ni mayor profundidad
Que la del amor
Donde el placer reposa

C

Está en el álamo
El viento recogido
Y la luz del aire
Y la música del cielo

ÍNDICE